टिम टिम चमके नन्हा तारा

बच्चों के लिए हिंदी कविताएं

AF658182

अमनदीप सिंह

ISBN: 978-93-5205-337-7

Tim Tim Chamke Nahna Tara
(Hindi Poems for Children)
by

Amandeep Singh
email: amanysingh@gmail.com
website: https://punjabikids.org

2020
Published & printed by
Unistar Books Pvt. Ltd.
301, Industrial Area, Phase-9,
Sector 66-A,
S.A.S. Nagar, Mohali-Chandigarh-160062 (India)
email : unistarbooks@gmail.com
website : www.unistarbooks.com
Ph. +91-172-5077427, 5077428, 5089761

© Author
Produced and bound in India

All rights reserved
This book is sold subject to the condition that it shall not, by way of trade or otherwise, be lent, resold, hired out, or otherwise circulated without the publisher's prior written consent in any form of binding or cover other than that in which it is published and without a similar condition including this condition being imposed on the subsequent purchaser and without limiting the rights under copyright reserved above, no part of this publication may be reproduced, stored in or introduced into a retrieval system, or transmitted in any form or by any means(electronic, mechanical, photocopying, recording or otherwise), without the prior written permission of both the copyright owner and the above-mentioned publisher of this book.

समर्पण

बेटी हरनीत और बेटे हरमन को समर्पित!

बेटी हरनीत के नाम

हमारी ज़िन्दगी तुम हो बहार के जैसे।
आई हो निमी फुहार के जैसे।
दुःख दर्द हमें है भूल जाता।
तेरे चेहरे पे जब है नूर आता।
यही दुआ है तू चंदा के जैसे चमके।
एक किरन बन हमारे जीवन में दमके!

बेटे हरमन के नाम

हमारे घर का चिराग़ है तू।
जीवन संगीत का राग है तू।
हमारी आँखों का तारा है तू।
सब का हरमन प्यारा है तू।
यही दुआ है तू सदा ख़ुश रहे ।
हर वक़्त मीठे मीठे बोल कहे ।

कविता सूची

दो शब्द

एक दिन अचानक ही अपने बेटे के साथ अंग्रेज़ी नर्सरी गीत गाते वक़्त, बच्चों के लिए कविताएं लिखने का विचार आया - और इन कविताओं की रचना हुई। इनमें से कुछ कविताएं मशहूर नर्सरी गीतों से प्रेरित हैं और बाकी मौलिक हैं। मुझे आशा है आपको ये कविताएं पसंद आएंगी! बच्चों के मन में विज्ञान की रौशनी, कुदरत की सुंदरता और पर्यावरण की देख रेख के प्रति उत्साह पैदा करना इन कविताओं का उद्देश्य है। कुदरत अत्यंत ही खूबसूरत है, जिसकी सिफ़्त-सलाह और देख रेख करना हम सबका फ़र्ज़ है। कुदरत इन्सान की रूह को सुकून देती है - जैसे लाल, हरे, पीले फूल, बसंती पवन हमारे बीमार तन-मन का इलाज करते हैं!

कविताएं अचेत बाल-मन पे एक अनूठा प्रभाव डालती हैं, जैसे उसके बचपन की यादों में मोती हों - नन्हे तारों के जैसे या फिर सतरंगे इंद्रधनुष की तरह, जो उनकी ज़िंदगी के कैनवास में खूबसूरत रंग भरते हैं। इस लिए हर एक बच्चे को कविताओं का पाठ कराना हर एक माँ-बाप का फ़र्ज़ है।

मैं अपने मित्र मनीष श्रीवास्तव और चंचला प्रियदर्शिनी के कीमती सुझावों के लिये अति आभारी हूँ। कृपया अपने विचार ज़रूर भेजें जिससे इस किताब को और सार्थक बनाया जा सके। आप अपने विचार नीचे दिए इ-मेल या वेबसाइट पे भेज सकते हैं । आप के विचारों के इंतज़ार मे...

amanysingh@gmail.com https://punjabikids.org

- अमनदीप सिंह

टिम टिम चमके नन्हा तारा

टिम टिम चमके नन्हा तारा
लगता मुझको बहुत प्यारा
बड़ी हैरानी से मैं देखूं
अंबर में वो हीरा न्यारा!
बलता सूर्य जब छुप जाए
जब ज़रा भी चमक न पाए
तब तू आ झलक दिखाए
चमके सारी रात न जाए
गहरे नीले अंबर में से
देखे जैसे पर्दे में से
तब तक न पलक झपकाए
जब तक सूर्य न चढ़ आए

फिर वो राही अँधेरे में
तेरा ऋणी हर फेरे में
कहाँ कहाँ न वो भटके
अगर तू न टिम टिम चमके
जैसे तेरी टिमटिमाहट
अँधेरे में करे निलाहट
मैं न जानू कौन न्यारा
टिम टिम चमके नन्हा तारा!

ले चल, अपनी नैया

ले चल, ले चल, अपनी नैया
धीरे धीरे नदी के पार
ख़ुशी के साथ तू चलता चल
सपना है एक यह संसार!

नैया तुझसे डूब न जाये
सपना तुझसे रूठ न जाये
लंबी डगर जल्द मुका तू
मंज़िल की और बढ़ता जा तू!

दीपावली

दीपावली, दीपावली
आ गई दीपावली
एक साल बाद आई है
सबकी प्यारी दीपावली
बाज़ार जायेंगे
नए कपड़े पाएंगे
और पटाख़े चलाएंगे

हिन्दू, मुसलिम,
सिख, ईसाई
सब मिल जूल कर गाएंगे
एकता का त्योहार
दीपावली, दीपावली
आ गई दीपावली!

बसंत-बहार

धीरे धीरे बहार है आ रही
हरे-पत्तों की हरियाली
हर तरफ़ है छा रही।
हर जगह पीले फूलों की भरमार है -
हर जन ख़ुशी से सरशार है।
लाल, पीले और सफ़ेद गुलाब के फूल -
प्यार, दोस्ती और अमन के प्रतीक हैं।
हमारी खुशियां, दुःख-सुख में हर वक़्त शरीक हैं!

खिले हुए फूल –
हर तरफ़ रंग हैं बिखेरते।
कुदरत के कैनवस पे
खूबसूरत चित्र हैं उतारते।
यही है बसंत –
बहार का सुखद मौसम!
रुपहली धूप के प्यारे दिन
रंगों से शृंगारे दिन!

लोरी

शश्श्श्श ! नन्हे मुन्ने, न कुछ बोल
पापा ला के देंगे एक पंछी अनमोल!
गर वो पंछी न कुछ गाए
पापा ला के देंगे
एक मुंदरी हीरे की।

गर वो मुंदरी निकले पीतल
पापा ला के देंगे
तुझे एक शीश महल!

गर वो शीश महल गया टूट
पापा ला के देंगे
एक बकरी का पूत।

गर वो मेमना हो अनाड़ी
पापा ला के देंगे
तुझे एक बैल गाड़ी!

गर वो बैल गाड़ी जाए उलट
पापा ला के देंगे
एक कुत्ता नाम जिसका बुलट!

गर वो कुत्ता न कुछ भौंके
पापा ला के देंगे
तुझे एक घोड़ा गाड़ी!

गर वो घोडा गाड़ी घूम जाए
तू फिर भी सबसे प्यारा बच्चा रहे!

पांच बंदर

पांच छोटे बंदर, कूदें बिस्तर पर
एक गिर गया, चोट लगी सर पर
माँ ने बुलाया डॉक्टर
डॉक्टर कहता, बंदरों कूदो मत बिस्तर पर।

चार छोटे बंदर कूदें बिस्तर पर
एक गिर गया, चोट लगी सर पर
माँ ने बुलाया डॉक्टर
डॉक्टर कहता, बंदरो कूदो मत बिस्तर पर।

तीन छोटे बंदर कूदें बिस्तर पर
एक गिर गया, चोट लगी सर पर
माँ ने बुलाया डॉक्टर
डॉक्टर कहता, बंदरों कूदो मत बिस्तर पर।

दो छोटे बंदर, कूदें बिस्तर पर
एक गिर गया, चोट लगी सर पर
माँ ने बुलाया डॉक्टर
डॉक्टर कहता, बंदरों कूदो मत बिस्तर पर।

एक छोटा बंदर, कूदे बिस्तर पर
वो गिर गया, चोट लगी सर पर
माँ ने बुलाया डॉक्टर
डॉक्टर कहता, बंदरों कूदो मत बिस्तर पर।

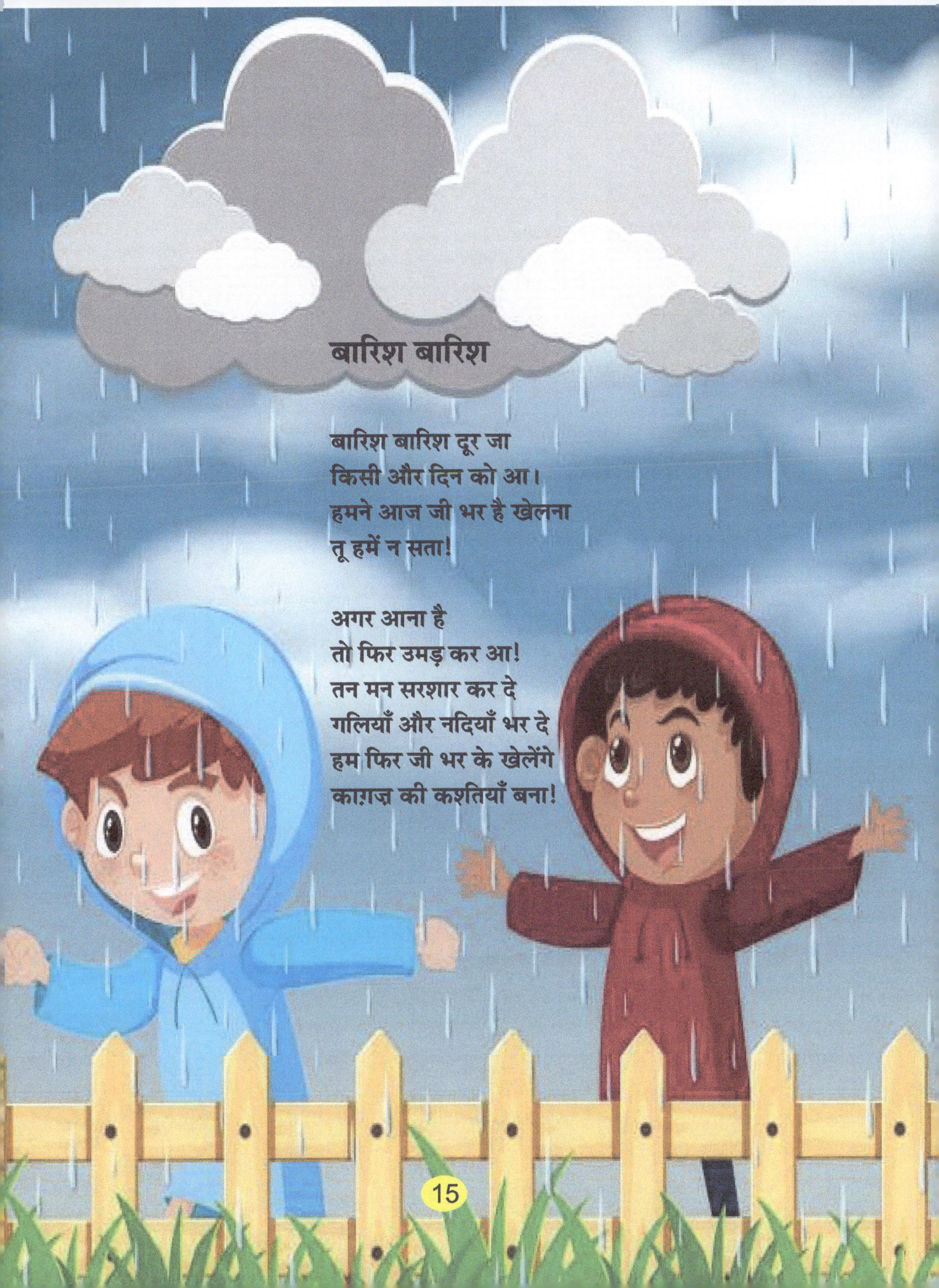

बारिश बारिश

बारिश बारिश दूर जा
किसी और दिन को आ।
हमने आज जी भर है खेलना
तू हमें न सता!

अगर आना है
तो फिर उमड़ कर आ!
तन मन सरशार कर दे
गलियाँ और नदियाँ भर दे
हम फिर जी भर के खेलेंगे
काग़ज़ की कशतियाँ बना!

रोज़ एक सेब खाओ

रोज़ एक सेब खाओ
डॉक्टर को दूर भगाओ!
सेब सुबह न खाओ
डॉक्टर की सलाह है
रात को भून कर खाओ
तो डॉक्टर स्वाह है।

सोने के वक़्त खाओ
तो निकले डॉक्टर का तराह है!
तीन एक दिन में
हफ़्ते में सातों दिन खाओ
अपनी गालों को
सेब जैसा लाल बनाओ!

महीने के दिन

तीस दिन हैं सितंबर में
अप्रैल जून और नवंबर में
फ़रवरी में अठाईस
बाकी सब में इकतीस
लीप बरस जब आये
फ़रवरी में हो जाएं उनतीस।

माणो बिल्ली

माणो बिल्ली, माणो बिल्ली
कहां गई थी
मैं लंदन
रानी से मिलने गई थी
माणो बिल्ली, माणो बिल्ली
वहां तुमने क्या खेल रचाया
मैने उसकी कुर्सी नीचे
एक चूहे को डराया!

धरती

यह धरती तेरी धरती
यह धरती मेरी धरती
यह धरती सबकी धरती
बनी है तेरे मेरे लिए...
देश भी देखा,
परदेस भी देखा
इसके जैसा कोई नहीं
खेतों की हरियाली,
माटी की ख़ुश्बू
कहीं और नहीं
इसके ऊँचे पर्वत सुंदर
नदियाँ और झरने सुंदर
दिल में जगह बना लेते हैं
इस धरती के वासी सुंदर!
आओ इसको पाक रखें
राम करे, इसे ताप न होए
इसका कोई भी वासी
कभी भूखा न सोए!

निक्क्ड़ी-मिक्क्ड़ी मकड़ी

निक्क्ड़ी-मिक्क्ड़ी मकड़ी
परनाले पे चढ़ती जाये
बारिश आये
मकड़ी को फिर दूर भगाये
सूर्य आये, सारी बारिश सुखाये
निक्क्ड़ी-मिक्क्ड़ी मकड़ी
परनाले पे फिर चढ़ जाये!

वृक्ष

हरे भरे और ऊँचे ऊँचे
वृक्ष हैं बहुत प्यारे
जिन के ऊपर झूले झूल
सब कोई ले हुलारे

वृक्ष न काटो!
वृक्ष लगाओ
इस धरती को
स्वर्ग बनाओ!

हे-हा, हो-हा

हे-हा, हो-हा
दिल्ली शहर की कौन सी राह ?
एक पैर नीचे, एक पैर ऊपर
दिल्ली शहर की वो है राह!

वहां घूमने जायेंगे
चाँदनी चौक, लाल-किला,
इंडिया गेट देखेंगे
कुतुब मीनार भी जायेंगे
जलेबी, चाट, गोल-गप्पे
छोले-भटूरे खायेंगे!
दरिया गंज से
घर पढ़ने के लिए
किताबें भी लायेंगे!

एक दो

एक दो तीन चार
एक दिन मैने किया शिकार
छह सात आठ नौं दस
फिर हो गयी मेरी बस!
क्यों हो गई तेरी बस ?
क्योंकि मैं गया था थक!
चल फिर अब तू सो जा
मीठे सपनों में खो जा!

सपना

कितना प्यारा!
कितना सुंदर!!
सपना होता है।
जब नींद की गोद में सोते हैं
तो सपना आता है।
पलक झपकते ही
दूर देश की सैर कराता है।
सात समन्दर पार
पल में पहुंचाता है।
कितना प्यारा! कितना सुंदर!!
सपना होता है।

कभी कभी मैं सोचता हूँ
सपना क्यों आता है ?
जब मन-मस्तिष्क
यादों को संजोता है।
दिन भर की
थकान को मिटाता है।
मन-मस्तिष्क में जब
नए संबंध बनाता है।
उसे नए दिन के लिए
तैयार करता है।
उस वक़्त हमें फिर
सपना आता है!

तारे

में एकटक देखूं
पर समझ न सकूं !
टिम टिमाते कितने सारे
अंबर में हैं लाखों तारे !
चमकें शाम के ढलते
सुबह को बुझ जाएं
अंबर की फुलकारी पे
छोटे छोटे फूल बनाएं !
कहते एक ध्रुव तारा है
भटकों जो राह दिखाये
एक सूर्य तारे के कारण
यह सारा जग चलता जाये !

आओ बर्फ़ में खेलें

आओ बर्फ़ में खेलें
सफ़ेद,
कपास के जैसी बर्फ़
फैल गयी है हर तरफ़!

मौसम की पहली बर्फ़
बहुत अच्छी है लगती
मन में ख़ुशी की
एक तरंग है उठती।

आओ, बर्फ़ की गेंदें बना
एक दूसरे पे फेंके
या फिर बर्फ़-गाड़ी
फिसला कर मज़े लूटें।

बर्फ़ से ढका जहां
अद्भुत है लगता !
जैसे एक स्वप्नलोक
के जैसे है सजता !

पांच डायनोसॉर

पांच डायनोसॉर मारें चिंघाड़
एक भाग गया बाकी रह गए चार

चार डायनोसॉर बजाएं बीन
एक उड़ गया बाकी रह गए तीन

तीन डायनोसॉर करें पौं पौं
एक हट गया बाकी रह गए दो

दो डायनोसॉर खाएं निक-सुक
एक चला गया बाकी रह गया एक

एक डायनोसॉर खाये हर एक डाली
वो गया तो मैदान हो गया खाली!

सवेर

सूर्य हुआ उदय
आई नई सवेर
अब तू उठ जा
कर न देर
जल्दी से हो कर तैयार
नाश्ता कर स्कूल को जा
पढ़ लिख के अच्छा बच्चा बन
माँ-बाप का नाम रौशन तू कर!

ओस धुले फूल

हम फूल हैं इस गुलिस्तां के
हर पल खिलते है रहना
अपनी ख़ुश्बू से
नया संसार है बसाना
नई दुनिया, नए होंगे दिल
ओस धुले फूलों जैसे
खिल जाना है
इस धरती को
शबनम से नहलाना है
प्यार की डाली से मिल
उसमें समा जाना है
और नई डाली बन उगना है
ओस धुले फूलों जैसे
खिल जाना है
मीठी मीठी ख़ुश्बू बन कर
सारे ब्रम्हाण्ड में फैलना है!

किताबों से प्यार करो

किताबों से प्यार करो
दुनिया में उपकार करो !
ज्ञान का सागर
विद्या का स्त्रोत
कल्पना को देती हैं
एक नई सोच।
विदिआ वीचारी तां परउपकारी ॥
गुरबानी का फ़रमान
वेद, कुतेब, ग्रंथ पढ़ कर
बनते हैं लोग महान!

जीवन का धृव तारा
सब का चानन मुनारा
किताबों की रौशनी से
हो जाये दूर अँधेरा!
जितना पढ़ोगे, उतना जानोगे
जीवन के भेद पहचानोगे
पढ़ लिख कर
अच्छे काम कर
ख़ुशियाँ मनाओगे !

9 789352 053377

Printed at Repro India Ltd.